ALINA POM

Glück

KLEINE ANLEITUNG FÜR EIN GUTES LEBEN

Inhalt

Glück entsteht
in dir drin.

TEIL 1

Die Wurzeln des Glücks

Deine Reise ins Glück

Das Leben hat so viele wunderbare Seiten, wenn wir uns dafür bewusst öffnen. Jeden Tag kannst du unzählige glückliche Momente erleben, indem du deine Aufmerksamkeit auf die schönen Facetten des Lebens lenkst.

Dieses Buch möchte dich dabei unterstützen, mehr Glück und Freude in deinen Alltag zu ziehen.

Entdecke für dich neue Sichtweisen, Methoden und Wege, wie du dein Glück bewusst stärken kannst. Durch die Kraft des positiven Denkens kannst du einen großen Einfluss auf dein Leben nehmen und es angenehmer gestalten.

Du wirst viele Anregungen und Übungen an die Hand bekommen, um die Inhalte in die Praxis umzusetzen. Du findest dazu Fragen und Übungen, die dir helfen werden, mit deinen Gedanken und Emotionen bewusster und achtsamer umzugehen.

Die Übungen dienen zur Selbstreflexion und Anregung. Hier gibt es keine richtigen oder falschen Antworten, sei einfach ehrlich und aufrichtig zu dir selbst und du wirst beim Durcharbeiten dieses Buches mehr und mehr Freude und Glück in dein Leben holen.

So nutzt du dieses Buch:

DEIN GLÜCKSORT

Richte bei dir zu Hause deinen Glücksort ein, an dem du ungestört sein kannst, um regelmäßig deine persönlichen Glücksmomente zu stärken. Es kann ein Raum oder dein Lieblingssessel sein, ein Ort, an dem du dich wohl und zufrieden fühlst. Definiere deinen persönlichen Rückzugsort und gestalte ihn nach deinen Vorlieben. Vielleicht möchtest du hier eine Duftkerze anzünden, eine kuschelige Decke hinlegen und deinen Lieblingstee genießen.

JOURNALING:

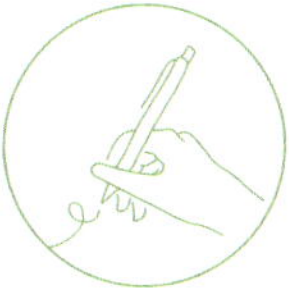

Halte einen Stift und ein Notizheft bereit, um deine Erkenntnisse und Impulse festzuhalten.
Lasse dir zwischen den Kapiteln zwei bis drei Tage Zeit, um die neuen Inspirationen zu verinnerlichen und in deinen Alltag zu integrieren.

REGELMÄSSIG GLÜCK PLANEN

In dem hektischen Alltag und mit einem vollen Kalender kann die regelmäßige Anwendung deines Glückstrainings in Vergessenheit geraten. Plane dir feste Tage und Uhrzeiten ein, um dir etwas Zeit für dich selbst zu nehmen. Priorisiere dein Glück und die innere Zufriedenheit in deiner Tagesplanung, damit sie nicht im Alltag untergehen.

Achte darauf, dranzubleiben und dir regelmäßig Zeit zu nehmen, um dein Glücksgefühl zu stärken und innere Zufriedenheit zu finden.

GLÜCKLICHSEIN
IST EINE
Entscheidung.

Was ist Glück?

Glück bedeutet für jeden etwas anderes und liegt nur in den Augen des Betrachters. Bevor du dein Leben glücklicher gestalten kannst, ist es entscheidend zu wissen, was es für dich persönlich bedeutet, glücklich zu sein.

Das Glücksgefühl ist unbeschreiblich, dennoch spürst du ganz genau, wann du glücklich bist. Du kannst es auf allen Ebenen wahrnehmen: körperlich, emotional und mental.

In diesem Zustand des Glücks empfinden wir mehr Freude, Dankbarkeit, Erfüllung und Sinnhaftigkeit des Lebens.

Dazu gehören nicht immer nur Emotionen, sondern auch Menschen oder Erlebnisse. Es können harmonische Beziehungen, erfüllende Tätigkeiten, Freiheit, tiefe Freundschaften, Selbstverwirklichung oder beruflicher Erfolg sein. Du entscheidest, welche Faktoren dein Wohlbefinden repräsentieren und wie du dein Glück definierst.

Es ist die Kunst, das Gute in unserem Leben dankbar wertzuschätzen und gleichzeitig von äußeren Faktoren unabhängig zu bleiben. Ziele und Visionen zu verfolgen und gleichzeitig das Glücksempfinden nicht von dem Ergebnis abhängig zu machen. Durch Ausgeglichenheit und inneren Frieden kommst du deinem Glück ein Stückchen näher.

GLÜCK
IST KEIN ZIEL,
GLÜCK
IST EINE ART ZU
leben.

Endlos glücklich sein

Manchmal haben wir die Vorstellung, dass Glück ein Endziel ist. Wir sind der Ansicht, dass wir zuerst etwas erreichen, haben oder sein müssen, um uns endlich glücklich zu fühlen.

Glück ist kein festes Konzept und es ist viel mehr als nur ein Ziel. Deine Entwicklung und das innere Wachstum werden dein Glücksempfinden wandeln. Glück ist eine fortlaufende Entwicklung der inneren Einstellung und verkörpert eine Lebensart.

Übung

Beantworte folgende Fragen in deinem Notizheft

- *Was ist deine Definition von Glück?*
- *Finde zehn Synonyme für das Wort „Glück“.*
- *Welche Emotionen verbindest du mit Glück?*
- *Wovon möchtest du mehr in deinem Leben?*
- *Schreibe zehn Gründe auf, warum du bereits heute glücklich bist.*

»

Glücklichsein ist
ein Maßanzug.

Versuche nicht,
den Maßanzug eines
anderen zu tragen.

«

Glück ist in deiner Reichweite

Ein verbreiteter Gedanke ist, dass man zunächst alle Schwierigkeiten lösen muss, um glücklich zu sein. Doch stimmt es wirklich? Können wir nicht glücklich sein, solange es Baustellen im Leben gibt?

Erinnere dich zurück an ein glückliches Erlebnis. War dieser Tag vollkommen perfekt? Vermutlich nicht. Und dennoch hast du dich glücklich fühlen können. Trotzdem tragen wir in uns den Glaubenssatz, dass zuerst etwas gelöst werden muss, damit wir uns freuen und gut fühlen dürfen.

Ich möchte, dass du dich von nun an immer wieder daran erinnerst, nicht auf den perfekten Moment zum Glücklichsein zu warten. Du kannst jederzeit dein Glücksempfinden hervorrufen und stärken.

In den nächsten Kapiteln wirst du lernen, achtsam mit deinen Gefühlen sowie Gedanken umzugehen, und mehr Freude in dein Leben einzuladen.

Auch wenn der Alltag manchmal turbulent sein kann, ist das Glück immer in deiner Nähe. Besonders wenn dich negative Emotionen überkommen, ist es wichtig, dass du sie bewusst erkennst und annimmst. Nur so kannst du sie anschließend überwinden.

Du wirst anfangen, dein persönliches Glück mehr wahrzunehmen und es auf alle Lebensbereiche auszuweiten. Mit der Zeit wirst du erkennen, dass dein Glück immer bei dir in Reichweite ist. In dir drin.

Die Stufen des Glücks

Wie jedes andere Gefühl kann das Glücksempfinden in unterschiedliche Stufen eingeteilt werden.

Betrachte die Stufen wie verschiedene Töne einer Farbe, die sich in ihrer Stärke unterscheiden. Je kräftiger, desto intensiver ist die Farbe oder die Emotion. Spüre dich in die sieben Stufen des Glücks hinein und fühle die Intensität.

WOHLBEFINDEN

ZUFRIEDENHEIT

VERGNÜGEN

FREUDE

BEGEISTERUNG

WONNE

GLÜCKSELIGKEIT

Alle Stufen des Glücks sind wunderschön und individuell. Jedes dieser Glücksgefühle hat einen positiven Einfluss auf dein Wohlbefinden.

Wenn du das Spektrum des Glücks als Ganzes betrachtest, kannst du achtsamer und bewusster mit dem Glücksgefühl umgehen. Die verschiedenen Stufen werden dir helfen zu identifizieren, welche Situationen bestimmte Glücksstufen spiegeln. So lernst du, dein individuelles Glücksempfinden zu erforschen.

GLÜCK

IST DIE SUMME

schöner

MOMENTE.

Übung

Beantworte folgende Fragen in deinem Notizheft

- *Wann hast du dich das letzte Mal zufrieden gefühlt?*
- *Wann hast du dich das letzte Mal für etwas ganz und gar begeistert?*
- *Wann hast du dich das letzte Mal absolut glücklich gefühlt?*

Warum sehnt man sich nach Glück?

Wir unternehmen sehr viel dafür, um glücklich zu sein, aber warum? Es gibt viele angenehme Nebenwirkungen des Glücks. Glücksgefühle bringen viele Vorteile und positive Folgen mit sich.

Viele Aspekte des Lebens werden positiv beeinflusst und führen zu einem insgesamt besseren Dasein. Denn das Glück breitet sich auf alle Lebensbereiche aus und steigert die Lebensqualität. Es trägt bei zu Freude und Zufriedenheit im Leben.

DU VERDIENST EIN

GLÜCKLICHES

UND ERFÜLLTES

Leben.

Du verdienst es, glücklich zu sein

Das Besondere an unseren Gefühlen ist, dass wir viele davon nicht gleichzeitig spüren können. Es ist ziemlich schwierig, im selben Augenblick wütend zu sein und sich glücklich zu fühlen.

Positive Emotionen sind daher eine wichtige und effektive Komponente, um negative Gefühle zu überwinden.

Wer es nicht gewohnt ist, Glück und Freude zu empfinden, kann selbst in schönsten Momenten Schwierigkeiten haben, die positive Emotion zu genießen.

Der Verstand schaltet sich ein, weil wir ein ungewohntes Terrain betreten oder der Ansicht sind, wir hätten es nicht verdient, glücklich zu sein.

Die grundlegende Erkenntnis auf dem Weg zum Glück besteht darin, dir selbst zu erlauben, glücklich zu sein, einfach, weil du es dir wert bist.

Glücksmythen

Lass uns die bekanntesten Glücksmythen auflösen. Eine falsche Vorstellung davon, was Glück erzeugt, kann dazu führen, dass wir ein irreführendes Ziel verfolgen.

Mythos 1: Glück im Außen suchen

Das Glück ist nicht im Außen, sondern in dir drin. Es kommt nicht mit dem richtigen Partner, Geld, Traumhaus oder idealen Job. Glück liegt nicht außerhalb von dir, sondern in dir selbst, in deiner inneren Haltung.

Mythos 2: Wenn. dann

Wenn du das Glück von einer Bedingung abhängig machst, entfernst du dich nur noch mehr davon. Denn dadurch wird das Glück immer weiter in die Zukunft verschoben und du erlaubst dir nicht, heute schon glücklich zu sein.

Mythos 3: Glück haben

Der verbreitetste Mythos besagt, dass das Glück nicht selbstbestimmt ist und manche Menschen einfach mehr Glück im Leben haben als andere.

Mythos 4: Noch glücklicher werden

Wir gewöhnen uns schnell an die angenehme Ist-Situation und halten unser Glück für selbstverständlich. Und schon suchen wir wieder nach neuen Gründen und Faktoren, die uns glücklich machen könnten. Dabei vergessen wir oft, das bestehende Glück wertzuschätzen.

Diese Glücksmythen räumen mit vielen irreführenden Aspekten auf und ermutigen uns, eigenverantwortlich und zielgerichtet den Weg des Glücks zu beschreiten.

Was macht langfristig glücklich?

Viele glauben, dass die Erreichung eines Ziels, äußere Umstände, eine Beförderung, bestimmte Dinge oder Menschen uns glücklich machen können. Dies mag zutreffen und dich zufrieden machen, allerdings wird das Glücksgefühl nur kurzfristig verweilen und nicht von Dauer sein. Denn hier ist nicht der Ort, an dem du nach langfristigem Glück suchen solltest.

Wenn du dich dafür entscheidest, ein glückliches Leben zu erschaffen, erfordert dieser Entschluss deinen Einsatz und die Umsetzung der Glücksstrategien.

Auf den nächsten Seiten findest du verschiedene Methoden und Strategien, wie du das Glück in dir selbst finden und stärken kannst. Denn jeder hat es in der Hand, sein Glück selbst zu schmieden.

Los geht's!

Glücklichmacher

Optimismus

Achtsamkeit

Entspannung

Dankbarkeit

Lächeln

Menschen helfen

Bewegung

Zeit mit Familie & Freunden

Selbstverwirklichung

Gegenwart genießen

TEIL 2

Der Schlüssel zum Glück

Alles unter Kontrolle

Kontrolle über das Leben zu haben, gibt ein Gefühl der Sicherheit und trägt einen wichtigen Teil zum Glücklichsein bei. Doch wir können nicht alles unter Kontrolle haben. Es gibt viele Faktoren, die wir nicht beeinflussen können.

Das Wetter, die Zeit, die Gedanken anderer Menschen, dein Alter und die Eltern: Das sind Dinge, die wir nicht verändern, kontrollieren oder uns aussuchen können. Jeglicher Versuch, das nicht wahrhaben zu wollen, führt zur Frustration und entfernt dich von deinem Glück.

Je mehr du dir bewusst wirst, dass du nicht alles kontrollieren kannst und musst, desto natürlicher kannst du dein Glücksempfinden stärken.

Übung

Beantworte folgende Fragen in deinem Notizheft

- *Notiere zehn Dinge, die du nicht kontrollieren, verändern oder aussuchen kannst.*
- *Notiere zehn Dinge, die du kontrollieren, verändern oder aussuchen kannst.*
- *Wie kannst du dich mehr den Themen widmen, die in deinem Kontrollbereich liegen?*

Kontrolle ist gut,
Loslassen ist besser.

Loslassen

Bevor du das Glück in deinem Leben vermehren kannst, ist es wichtig, zu verstehen, was dich am Glücklichsein hindert. Dann kannst du diese Blockaden aktiv und bewusst überwinden und mehr Freude in dein Leben einladen.

Stress

Körperlicher oder mentaler Stress kann
dich im Alltag vergessen lassen,
dich an kleinen Dingen zu erfreuen.
Finde eine Balance zwischen
Tagesgeschehen und Entspannung.

Negative Gedanken

Ist das Glas halb voll oder halb leer? Mit einer positiven Einstellung freust du dich über die Tatsache, ein Glas zu haben. Achte auf deine Gedanken und ändere bewusst den Fokus.

Selbstzweifel

Wenn wir an uns selbst zweifeln, verringern wir die Glücksintensität. Gleichzeitig liegt es stets in unserer Macht, zu steuern, was wir über uns selbst denken. Fange an, dein Selbstvertrauen zu stärken und du wirst merken, wie wohltuend es ist.

Glück hängt nicht
davon ab, wer du bist
oder was du hast;
es hängt nur davon ab,
was du denkst.

Wut

Wut und Ärger sind immer von uns selbst erzeugt, als eine der möglichen Reaktionen auf eine Situation. Werde dir darüber bewusst, welche anderen Optionen möglich sind und wähle sie gezielt.

Neid

Neid ist das absolute Gegenteil von Glück. Dadurch signalisieren wir uns selbst unbewusst, dass wir uns etwas nicht erlauben. Bekanntlich verdoppelt sich das Glück, wenn man es teilt. Dazu gehört auch die aufrichtige Freude für deine Mitmenschen.

Es allen recht machen

Du bist nicht hier, um es allen recht zu machen oder andere zufrieden zu stellen. Wer hier mitmacht, kann nur verlieren.

Vergleich

Häufiges Vergleichen entfernt dich vom Glück und führt zur permanenten Unzufriedenheit. Du bist einzigartig und mit niemandem vergleichbar.

Übung

Beantworte folgende Fragen in deinem Notizheft

- *Was steht dir im Weg zu deinem Glück?*
- *Was kannst du in deinem Leben verändern, um dich dem Glück zu öffnen?*

Die meisten
Menschen sind in
dem Maße glücklich,
wie sie es sich
erlauben.

Alles nur positiv?

Positives Denken ist eine wichtige Komponente für mehr Glücksempfinden. Das bedeutet jedoch nicht, dass wir immer alles positiv sehen müssen. Der Blick durch die rosarote Brille darf unsere Wahrnehmung nicht verzerren.

Positiv und optimistisch zu sein, bedeutet nicht, alle schlechten Gedanken und Gefühle abzulehnen. Viel wichtiger ist es, alle Emotionen achtsam wahrzunehmen, sie bewusst auszudrücken und zu beobachten.

Gefühle anzunehmen, wird dir helfen, bewusst zu handeln und selbst negative Situationen zu überwinden und vorwärtszukommen.

Eine gesunde Balance zwischen positivem Denken und Realitätssinn stärkt deine Fähigkeit, unterschiedliche Emotionen anzunehmen, dich aber nicht von ihnen bestimmen zu lassen. Stattdessen blickst du zuversichtlich in die Zukunft und handelst optimistisch.

Das Prinzip der Positiven Psychologie basiert auf der Fähigkeit, den eigenen Fokus zu steuern. Man ist in der Lage, in einer negativen Situation den Fokus auf die Lösung zu verlagern, anstatt in einem Problem stecken zu bleiben. Eine positive Einstellung hilft dir, deine innere Kraft aktiv zu nutzen.

Wir müssen sowieso denken,
warum nicht gleich positiv?

Übung

Beantworte folgende Fragen in deinem Notizheft

- *Beobachte drei Tage lang deine Gedanken. Was fällt dir auf? In welchen Situationen neigst du dazu, negativ zu denken? Schreibe sie auf.*

- *Formuliere zu jedem dieser Gedanken eine positive, optimistische Variante. Wie verändert sich deine Wahrnehmung?*

Folgen des positiven Denkens

MOTIVATION

LEBENSFREUDE

GESUNDHEIT

KREATIVITÄT

PRODUKTIVITÄT

SELBSTVERTRAUEN

OPTIMISMUS

Das Gute in der Krise

Auf der Suche nach Glück wünschen wir uns den Weg des geringsten Widerstands. Dieser Weg ist zwar der einfachste, jedoch entsteht hier kein persönliches Wachstum. Das Überwinden von Hindernissen und Lösen der Herausforderungen macht uns nicht nur stärker, sondern tatsächlich auch glücklicher.

Lösungsorientiertes Denken sowie Handeln führt zu Wachstum und fördert das Glücksempfinden.

„Du wirst glücklich werden!"
sagte das Leben.

„Aber zuerst
mache ich dich stark."

Selbstzufriedenheit

Was du über dich selbst denkst, hat einen großen Einfluss auf deine Glückswahrnehmung. Positive Gedanken über dich selbst können dich jederzeit aufbauen und dich an die schönen Seiten des Lebens erinnern.

Selbstzufriedenheit steigert auch dein Selbstwertgefühl. Je mehr du dich selbst und deine Fähigkeiten anerkennst, desto selbstsicherer und zufriedener gestaltet sich dein Leben.

Zeige dir selbst gegenüber mehr Unterstützung und Selbstliebe und du wirst merken, wie sich dein Selbstbild positiv verändert.

Übung

Beantworte folgende Fragen in deinem Notizheft

- *Wann neigst du dazu, dich zu kritisieren? Was denkst du über dich oder sagst du zu dir?*
- *Wie kannst du dir mehr Fürsorge und Selbstliebe geben?*

Raus aus der Hektik

Ein hektischer Alltag kann dich schnell vergessen lassen, wie wichtig es ist, sich an den kleinen Dingen zu freuen. Nimm dir einen Moment Zeit, halte inne und entschleunige das Tempo für wenige Minuten, indem du dir diese vier Fragen stellst:

- *Was mache ich gerade?*
- *Was denke ich in diesem Moment?*
- *Was fühle ich in diesem Moment?*
- *Was würde mir jetzt guttun?*

Oft hetzen wir von einem Termin zum nächsten, rennen von einer Aufgabe zur anderen und verstricken uns in noch mehr Verpflichtungen.

Irgendwann merken wir, wie schlecht es uns geht und wie leer wir uns fühlen. Mach dem Stress ein Ende.

Erlaube dir, immer wieder Pausen einzulegen und die schönen Seiten des Lebens zu bewundern.

Übung

Beantworte folgende Fragen in deinem Notizheft

- *In welchen Situationen erfährst du Hektik?*
- *Wie kannst du in der Zukunft damit besser umgehen?*
- *Was hilft dir, dich gelassener und entspannter zu fühlen?*

GLÜCK

ENTSTEHT OFT
DURCH
Aufmerksamkeit
IN KLEINEN
DINGEN.

Achtsamkeit

Die Basis des Glücklichseins ist Achtsamkeit. Das Konzept stammt aus dem Buddhismus und besteht aus wachsamer Beobachtung und urteilsfreier Wahrnehmung. Dank bewusster Achtsamkeit spürst du genau, wann du deine persönlichen Wünsche zurücksteckst und dadurch dein Glücksempfinden verringerst.

Wer achtsam ist, kann die Gedanken und Emotionen bewusster steuern und somit negative Seiten wie Grübelei, Zweifel und Sorgen fernhalten. Du nimmst dann die Situationen neutraler wahr, ohne sie sofort zu bewerten.

Gleichzeitig wirst du bewusst erkennen, welche Bedürfnisse du hast, und du kannst dann reagieren, anstatt sie zu ignorieren.

Lenke deine Aufmerksamkeit auf die kleinen Glücksmomente des Alltags. Stärke deine Wahrnehmung für die schönen Momente und Dinge. Denn wer auf Autopilot durch das Leben rennt, übersieht manchmal die besten Dinge.

Die Welt
bietet mir alles,
was ich brauche,
um glücklich zu sein.

Glücksmantra

Positive Affirmationen oder ein Glücksmantra helfen dir, neue Kraft zu schöpfen und Glück zu empfinden. Wähle dafür Worte, mit denen du dich wohlfühlst. Finde deine persönliche Affirmation und sprich sie jeden Morgen vor dem Spiegel aus. Beispiele für dein Glücksmantra:

- *Ich habe alles, um glücklich zu sein*
- *Heute ist mein Glückstag*
- *Heute entscheide ich mich für Glück*
- *Ich bin erfüllt von Lebensfreude*
- *Ich bin dankbar für alles, ich bin glücklich.*

Im Hier und Jetzt

Unser Lebensfokus liegt oft in der Zukunft oder die Gedanken schweifen in die Vergangenheit. Wir vergessen dabei, was es heißt, im Hier und Jetzt zu leben. Doch hier liegt eine wesentliche Voraussetzung, um glücklich zu sein.

Die Gegenwart bietet viele Glücksmomente, die wir übersehen, weil wir in Gedanken immer woanders sind.

Bei der Arbeit sehnen wir uns nach Urlaub und Erholung. Im Urlaub denken wir an die Arbeit. Wir vergessen immer wieder, den jetzigen Moment zu genießen.

Dabei können wir nur im Hier und Jetzt wirklich Glück empfinden. Es ist immer der augenblickliche Moment, der dich sofort glücklich machen kann. Vorfreude auf etwas Schönes kann dich ebenso glücklich machen wie eine angenehme Erinnerung, aber wirklich wahrhaftig kannst du das Glück nur in der Gegenwart erfahren.

Dein Leben findet jetzt statt. Suche die Schönheit und die Einzigartigkeit des Moments.

Glücksflow

Kennst du diese Momente, wenn du in einer Aktivität so versunken bist, dass du gar nicht gemerkt hast, wie die Zeit verging? Das ist der Flow-Zustand, und er beschreibt eine besondere Vertiefung in die Gegenwart.

Der Flow-Moment erzeugt Glück und ist in jeder Situation möglich, unabhängig davon, ob diese Tätigkeit langweilig oder spannend ist. Du kannst lernen, in alltäglichen Dingen Flow zu erfahren.

Das Geheimnis liegt darin, ein Gleichgewicht zwischen dem Grad der Anforderung und deiner Fähigkeit zu finden. Hier liegt der ideale Punkt für deine Flow-Erfahrung.

Ist das Gleichgewicht nicht vorhanden, fühlen wir Frust bei Überforderung oder Langeweile bei Unterforderung. Demzufolge ist Flow überall möglich: beim Backen oder Tanzen, beim Ausfüllen der Steuererklärung oder beim Operieren.

Deine Aufmerksamkeit ist der entscheidende Faktor. Lass dich voll und ganz auf deine Aktivität ein. Richte deinen gesamten Fokus auf das, was du gerade tust. Nimm den Moment wahr und du spürst, wie sich Glück anfühlt.

Übung

Beantworte folgende Fragen in deinem Notizheft

- *Wann erfährst du einen Flow-Zustand?*
- *Wann kannst du achtsamer und bewusster mit deiner Wahrnehmung umgehen?*
- *Wie kannst du die Häufigkeit der Flow-Aktivitäten in deinem Leben erhöhen?*

GO

WITH THE

flow.

Glückliche Beziehung

Zugehörigkeit und Beziehungen sind Grundbedürfnisse der Menschen. In der Steinzeit war es überlebensnotwendig, einer Gemeinschaft anzugehören. Daher sind wir bis heute motiviert, feste und positive Beziehungen oder Freundschaften zu pflegen.

Während die äußeren und materiellen Glückserzeuger uns nur für einen bestimmten Zeitraum glücklich machen, gehören Beziehungen zu den inneren Quellen des Glücks. Konkret bedeutet das, dass die Beförderung oder ein neues Auto nur ein paar Monate oder Jahre glücklich machen. Eine stabile Beziehung zu Mitmenschen aber führt zu einem langfristigen Glück.

Der Unterschied liegt darin, dass bei materiellen Dingen unsere Erwartungen immer weiter steigen. Je mehr wir haben, desto mehr wollen wir. Bei Beziehungen und Freundschaften bleibt das Bedürfnis vergleichsweise stabil. Zwischenmenschliche Beziehungen sind demnach eine wichtige Komponente, um auf lange Sicht glücklich zu sein.

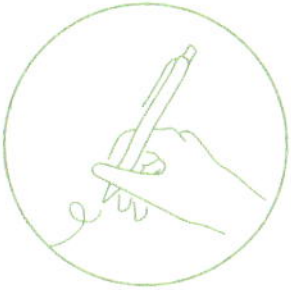

Übung

Beantworte folgende Fragen in deinem Notizheft

- *Wie kannst du mehr Zeit mit deiner Familie, deinem Partner oder Freunden verbringen und deine zwischenmenschlichen Beziehungen stärken?*
- *Wie kannst du deine Zuneigung und Liebe kommunizieren?*

Wer lieben kann,
ist glücklich.

Träume verwirklichen

Es gibt einen kleinen Unterschied, ob du rationale Ziele verfolgst oder deine Träume verwirklichst. Zielsetzungen, die dem Verstand entspringen, entsprechen meistens den gesellschaftlichen und sozialen Erwartungen. Die Erreichung dieser Ziele macht ebenso glücklich, doch nicht in der Dauer und Intensität, wie wir es uns vorstellen. Zudem ist der Weg der Zielerreichung selten mit Freude verbunden.

Wenn du dir deine wahren Träume und Wünsche erfüllst, spürst du bereits auf dem Weg zur Verwirklichung Freude und Erfüllung. Hier einige Merkmale, wie du deine Träume identifizierst.

Innere Motivation

Ziele, die du selbst wirklich verfolgen willst und die dir nicht von außen eingeredet worden sind, führen mit großer Wahrscheinlichkeit zu mehr Glück. Die innere Motivation treibt dich an und stärkt das natürliche Glücksgefühl.

Authentisch

Authentische Ziele passen zu deinem Wesen und orientieren sich an deinen Werten und weniger an den Erwartungen an dich. Diese Ziele stärken deine Persönlichkeit und führen zu innerem Wachstum.

Aktive Ziele

Aktive Ziele führen zu langfristigem Glück, wobei passive meistens von kurzer Dauer sind. Passive Zielsetzungen sind vor allem materielle Dinge, wie zum Beispiel ein Auto. Mit der Erreichung verflacht in den meisten Fällen das Glückserlebnis nach wenigen Wochen oder Monaten. Aktive Vorsätze erfordern eine Umsetzung, die von längerer Dauer ist und mit Veränderungen verbunden ist. Zum Beispiel: Mitgliedschaft in einem Verein, Unternehmen gründen, regelmäßige Bewegung, Ausbildung, Haustiere, Jobwechsel.

Das Verfolgen deiner wahren Träume und Ziele wird dich auf den Weg der Selbstverwirklichung führen und zu der glücklichen Person machen, die du sein möchtest.

NUR
WER SEIN
ZIEL
KENNT, FINDET
den Weg.

Wenn nicht jetzt,
wann dann?

TEIL 3

Lade Glück in dein Leben ein

Glücksstrategien

Für einen Moment glücklich zu sein, ist relativ einfach. Kurzfristig Ziele zu erreichen, fällt uns vergleichsweise leicht. Wir können zum Beispiel für wenige Stunden mit dem Rauchen aufhören oder fasten. Die Kunst des guten Lebens besteht darin, das Glücksgefühl langfristig aufrechtzuerhalten.

Auf den nächsten Seiten findest du Glücksaktivitäten und Strategien, die dir helfen werden, deinen Alltag glücklicher zu gestalten.

Glück ist die Summe
schöner Momente, die du
während deines Lebens
gesammelt hast.

Hin zum Glück!

Es gibt zwei Arten des Denkens: „weg von" und „hin zu". Während die erste Variante sich darauf konzentriert, Negatives zu reduzieren und von etwas wegzukommen, fokussiert sich die zweite Denkweise darauf, etwas Positives zu erschaffen.

Ein „weg von"- Mensch möchte ständig etwas vermeiden, reduzieren oder abwenden. Hin zum Glück bedeutet, dass du dich damit auseinandersetzt, was du willst, anstatt damit, was du nicht willst. Dein Fokus liegt auf der Vermehrung, der Stärkung und dem Erschaffen.

Du kannst deine Aufmerksamkeit also darauf richten, wie du Stress, Zweifel und Unglücklichsein hinter dir lässt oder deinen gesamten Fokus auf dein Glück und deine Freude lenken. Auf diese Weise stärkst du ein lösungsorientiertes Denken, das dein Wohlbefinden positiv beeinflusst.

Normalerweise schwanken wir unbewusst zwischen diesen beiden Denkarten und haben zum Glück immer die Wahl. Deine innere Ausrichtung ist entscheidend. Sie bestimmt, welche Schwerpunkte du setzt und wie du dein gesamtes Leben gestaltest.

Übung

Beantworte folgende Fragen in deinem Notizheft

- *Achte eine Woche lang auf deine „weg von"-Gedanken und frage dich „Was will ich stattdessen?". Dann formuliere deine „hin zu"-Gedanken.*

- *Wie kannst du deine „hin zu"-Gedanken aktiv stärken und in die Tat umsetzen?*

Nicht die Glücklichen
sind dankbar.
Es sind die Dankbaren,
die glücklich sind.

Finde dein Ikigai

Das Ikigai-Modell unterstützt dich dabei, herauszufinden, was dich glücklich macht. Ikigai kommt aus dem Japanischen und bedeutet in etwa „das, wofür es sich zu leben lohnt". Du ermittelst, wo deine Talente und Leidenschaften liegen, was davon du in die Gesellschaft einbringen und wie du damit Geld verdienen kannst. Die Schnittmenge dieser Dinge führt zu Zufriedenheit und Glück.

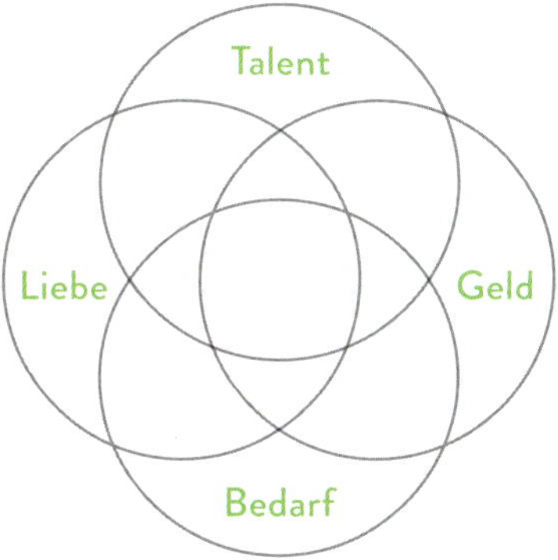

Übung

Beantworte folgende Fragen in deinem Notizheft

Beantworte folgende vier Fragen nach Ikigai und finde die Schnittmenge aus deinen Aussagen heraus.

- *Was liebe ich? (Liebe)*
- *Was kann ich gut? (Talent)*
- *Wofür werde ich bezahlt? (Geld)*
- *Was braucht die Welt von mir? (Bedarf)*

Glücksbewegung

Das kennt wohl jeder: stressiger Arbeitstag, Hausarbeit und Freizeitaktivitäten, da bleibt wenig Zeit für Sport. Das wirkt sich nicht nur negativ auf die Gesundheit aus, sondern auch auf unser Wohlbefinden.

Bewegung stärkt auch das Glücksempfinden. Dieser Zusammenhang lässt sich auf der biochemischen Ebene erklären: Beim Sport baut der Körper Stresshormone ab und produziert gleichzeitig Glückshormone. Reduzierter Stresslevel und ein nachhaltiger Anstieg von Zufriedenheit sind hier die positiven Nebenwirkungen.

Wenn du das Glück durch Bewegung stärken willst und bislang eher wenig trainiert hast, fange mit kleinen Schritten an. Steigere langsam die Bewegung in Länge und Intensität von Mal zu Mal.

Finde etwas, was dir Spaß und Freude bereitet. Bewegung bedeutet nicht immer zu joggen oder ins Fitnessstudio zu gehen. Vielleicht hast du mehr Freude beim Tanzen, mit dem Hula-Hoop-Reifen, beim Zumba, Yoga, Wandern oder einfach beim Spazierengehen.

Übung

Beantworte folgende Fragen in deinem Notizheft

- *Welche Bewegungsarten machen dir Spaß?*
- *Wie kannst du dich regelmäßig bewegen oder mehr Zeit für Sport aufbringen?*

Bewegung
mit Spaßfaktor

Yoga

Tanzkurs

Zumba

Aerobic

Inliner fahren

Hula-Hoop

Seilspringen

Trampolin

Hindernislauf

Federball

Raus aus der Komfortzone

Das Glück findest du oft außerhalb der Komfortzone. Innerhalb der Komfortzone ist alles, was du bereits kannst und kennst. Hier fühlst du dich sicher und wohl. Warum also die Komfortzone verlassen?

Das Glück liegt außerhalb deiner Komfortzone, denn innerhalb dieser Zone treten Langeweile, Stillstand, Unzufriedenheit auf. Und vor allem kommen keine neuen Impulse hinzu. Das Verlassen der Komfortzone führt dich zu neuen Erfahrungen. Hier ist der Ort, an dem du dein eigenes Glück selbst erschaffst.

Übung

Beantworte folgende Fragen in deinem Notizheft

- *Beschreibe deine Komfortzone. Wann fühlst du dich sicher und wohl?*
- *Wann hast du das letzte Mal deine Komfortzone verlassen?*
- *Welche Fähigkeiten kannst du erweitern oder neu erlernen, um deine Komfortzone auszuweiten?*
- *Wie würde es dich deinen Träumen näher bringen?*

Dankbarkeit – dein Schlüssel zum Glück

Die Anerkennung der guten Dinge erfüllt uns mit Dankbarkeit. Sie gibt uns, wonach wir uns tief in unserem Inneren sehnen: Anerkennung und Freude. Dankbarkeit ist der direkte und sicherste Weg zum Glück.

Wahre und tiefe Dankbarkeit ist an keine Bedingungen oder Belohnungen geknüpft. Dankbarkeit führt zu einem inneren Gefühl der Daseinsfreude und Zufriedenheit.

Du kannst überall, zu jeder Tageszeit Dankbarkeit empfinden und es ist die einfachste Methode, um mehr Glück in deinem Alltag zu begrüßen.

Dankbarkeit wirkt sich positiv auf alle Lebensbereiche aus. Mit regelmäßiger Anwendung der Dankbarkeitsübungen wirst du rasante Ergebnisse erzielen.

Überlege, wo und wann du im Alltag Gelegenheiten hast, um mehr Dankbarkeit zu fühlen und zu zeigen. Werde dir im Detail bewusst, wofür du dankbar bist, um dieses Gefühl zu verinnerlichen.

Übung

Führe folgende Aufgaben durch

- *Lege dir ein Dankbarkeitstagebuch zu und notiere täglich zehn Dinge, für die du dankbar bist. Du wirst staunen, welchen Effekt Dankbarkeit haben kann.*

- *Klebe einen Notizzettel mit dem Wort „Danke" dorthin, wo du oft vorbeikommst (Badezimmer, Schreibtisch, Kühlschrank). Diese Botschaft soll dich immer an deine Dankbarkeit erinnern. Jedes Mal, wenn du den Zettel siehst, überlege, wofür du dankbar bist. Dankbarkeit lässt dich langfristig glücklicher werden.*

Liebe das Leben
und das Leben
liebt dich zurück.

5-Finger-Dankbarkeit

Dankbarkeit liegt in deiner Hand

Eine wundervolle und einfache Methode, mehr Dankbarkeit in deinen Alltag einzubauen, ist die 5-Finger-Dankbarkeit. Dafür brauchst du nichts, nur deine Hand. Diese Übung kannst du überall und jederzeit ausführen.

Daumen

Worauf bin ich stolz? Welche Erfolge, Talente und Fähigkeiten kann ich anerkennen?

Zeigefinger

Was begeistert und inspiriert mich um mich herum? Wer oder was bringt mir Freude und Motivation?

Mittelfinger

Für welche Hilfe und
Unterstützung bin ich dankbar?

Ringfinger

Für welche Beziehungen und
Freundschaften bin ich dankbar?

Kleiner Finger

Wofür bin ich heute besonders
dankbar in meinem Leben?

DANKBARKEIT
MACHT
DAS LEBEN
reicher.

Lächeln

Wenn wir glücklich sind, lächeln wir und umgekehrt sind wir glücklich, wenn wir lächeln.

Selbst, wenn wir ein künstliches Lächeln aufsetzen, signalisieren die Gesichtsmuskeln dem Gehirn auf physischer Ebene, dass Glückshormone ausgeschüttet werden müssen. Ein falsches Lächeln hat zumindest in dieser Hinsicht zu Unrecht einen schlechten Ruf. Unser Gehirn kann nicht unterscheiden, ob wir tatsächlich lächeln oder nur so tun als ob. Auch bei einem aufgesetzten Lächeln glaubt das Gehirn, dass wir tatsächlich zufriedener sind. Und genau das ist das Ziel.

Denn das Gehirn reguliert Körper und Geist. Wenn es glaubt, dass wir glücklich sind, hat es eine Auswirkung auf das gesamte System. Damit zählt Lächeln wohl zu dem schönsten Muskeltraining.

Jeden Tag erfreuliche Momente wahrzunehmen oder bewusst zu lächeln, kann dir einen regelmäßigen Glücks-Schub geben.

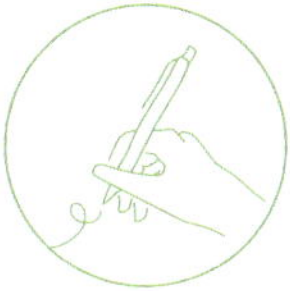

Übung

Führe folgende Aufgaben durch

- *Nimm dir regelmäßig Zeit, um fünf bis zehn Minuten lang bewusst zu lächeln.*
- *Verbinde die Lächelübung mit alltäglichen Aktivitäten, um sie in dein Leben langfristig zu integrieren: z.B. beim Autofahren, Fernsehen, Staubsaugen, Duschen usw.*

Ab hier bitte lächeln.

Glückstagebuch

Ein Glückstagebuch hilft dir, nicht nur viele schöne Momente festzuhalten, sondern auch dich in der Zukunft daran zu erinnern.

Deine glücklichen Momente des Tages schriftlich festzuhalten, hat eine bemerkenswerte Auswirkung auf die Lebensfreude und steigert die Lebenslust.

Diese Übung eignet sich hervorragend als Abendroutine. Vor dem Schlafengehen kannst du aufschreiben, was dich an dem Tag glücklich gemacht hat. Die Größe des Ereignisses spielt hier keine Rolle, wichtig ist, dass du dich an ein Glücksgefühl erinnerst.

Jeder Mensch trägt alle
Ressourcen in sich, um ein
glückliches Leben zu führen.

Er muss sie nur aktivieren
und bewusst nutzen.

Glück verdoppeln

Wenn wir anderen helfen, verdoppelt sich das Glück, denn durch selbstlose Hilfe oder Wohltätigkeiten fühlen sich beide Seiten glücklich. Der Grund dafür ist die Steigerung des Gemeinschaftsgefühls. Gute Taten verringern negative Emotionen und Gedanken und stärken somit das Wohlbefinden.

Gleichzeitig erlauben wir uns, eigenes Glück zu erkennen und dankbar dafür zu sein. Für einen Moment vergessen wir eigene Sorgen oder Probleme und fühlen uns nützlich. Wir erkennen eigene Ressourcen und Fähigkeiten, indem wir diese mit anderen Menschen teilen.

Deine guten Taten müssen nicht groß oder außergewöhnlich sein. Suche dir etwas, das für dich sinnvoll erscheint und das du mit einem guten Gefühl teilen kannst, ohne dass es für dich zur Last wird.

Es müssen nicht immer materielle Dinge sein. Auch deine Zeit, deine Fähigkeiten oder deine mentale Unterstützung können für andere eine große Hilfe sein.

Übung

Beantworte folgende Fragen in deinem Notizheft

- *Wie kannst du anderen Menschen helfen? Welche Fähigkeiten oder Ressourcen kannst du teilen?*
- *Wie kannst du sonst dein Gemeinschaftsgefühl stärken (z.B. durch Vereine, Community usw.)?*

”

Das Geheimnis
des Glücks liegt
nicht im Besitz,
sondern im
Geben.

“

Deine Reise ins Glück

Ich bin mir sicher, du hast bereits viele Fortschritte gemacht und wirst weiterhin neue Erkenntnisse für dich entdecken. Denn die Stärkung deines Glücks und der inneren Zufriedenheit ist ein fortlaufender Prozess, täglich wachsen und entwickeln wir uns weiter.

In diesem Buch hast du einige Anregungen und Impulse erhalten, wie du mehr Glück und Freude in dein Leben bringen kannst.

Erlaube es dir, deinen Weg in deinem Tempo zu gehen und habe Freude auf dieser Reise!

Ich habe alles,
um glücklich
zu sein
bereits in
mir.

Danke!

Alina Pom ist Autorin, Coach und Expertin für Manifestation und Mindset Transformation. Sie vereint transformative Psychologie mit Spiritualität, um lebensverändernde, ganzheitliche Inhalte und Methoden für die einzelnen Lebensbereiche zu erschaffen.

Ich freue mich, wenn ich dich auf deiner Reise zu deinem absoluten Traumleben weiter begleiten darf.

Alina Pom

Mehr unter:
www.alinapom.de
Instagram: @alinapom.manifestationmind

Bildnachweis: Svetolk/Shutterstock.com, Olga Strel/Shutterstock.com, yugoro/Shutterstock.com.

Layout: Doris Wohofsky, Dipl. Grafik-Designerin

Gesamtherstellung: AZ Druck und Datentechnik GmbH, Kempten

Aus Verantwortung für die Umwelt hat sich die Verlagsgruppe Droemer Knaur zu einer nachhaltigen Buchproduktion verpflichtet. Der bewusste Umgang mit unseren Ressourcen, der Schutz unseres Klimas und der Natur gehören zu unseren obersten Unternehmenszielen. Gemeinsam mit unseren Partnern und Lieferanten setzen wir uns für eine klimaneutrale Buchproduktion ein, die den Erwerb von Klimazertifikaten zur Kompensation des CO_2-Ausstoßes einschließt.

Weitere Informationen finden Sie unter: www.klimaneutralerverlag.de

Glück – Kleine Anleitung für ein gutes Leben
GTIN 978-3-8485-0156-4

www.geschenkverlage.de

FSC www.fsc.org
MIX
Papier aus verantwortungsvollen Quellen
FSC® C008457

1 2 3 4 5

Ein Lächeln schenken

Weitere kleine Anleitungen von Alina Pom

für ein gutes Leben

Mit zahlreichen Denkanstößen und praktischen Übungen zeigt dir das Buch, wie du Stück für Stück mutiger werden, alte Muster durchbrechen und dein Leben nach deinen Wünschen gestalten kannst.

GTIN: 978-3-8485-0154-0

Wie kann ich ruhiger und gelassener werden, obwohl ich viel zu tun habe? Wie kann ich inmitten eines Berges von Alltagspflichten zu einer guten Work-Life-Balance finden? Coaching-Tipps für mehr Ruhe, Gelassenheit und Achtsamkeit im Alltag.

GTIN: 978-3-8485-0157-1

Praktische Übungen erklären wie Selbstliebe entsteht und was du tun kannst, um dich selbst anzunehmen und dein Selbstbewusstsein zu stärken. So lernst du, Stück für Stück zu mehr Selbstliebe und Zufriedenheit zu finden.

GTIN: 978-3-8485-0153-3

Jeder Titel
10,6 x 13,6 cm
112 Seiten
€ 10,00 (D) • € 10,30 (A)

GROH.DE

GR
OH